AF234106

N° 1 — 491 — Solvet — 26 pages
2 — 492 — Henri de S. — 46
3 — 493 — Deneux — 172
4 — 494 — E.C.b — 104
5 — 495 — Mis de C — 111
6 — 496 — Belvisi — 124
7 — 497 — Guillou — 59

CATALOGUE

DE

BONS LIVRES

SUR

LA PEINTURE, LA SCULPTURE ET LA GRAVURE,

LES BELLES-LETTRES, L'HISTOIRE, ETC.,

PROVENANT DE LA BIBLIOTHÈQUE DE FEU M. SOLVET,
ancien libraire,

Dont la vente se fera le 8 Juillet et jours suivants,

En son Domicile, rue de la Harpe, n° 66,
à midi très précis,

Par le ministère de M° HOCART, commissaire-priseur,
Place de l'École-de-Médecine, 1.

Assisté de M. GUILLEMOT, expert.

Chez lesquels se distribue le présent Catalogue.

PARIS

GUILLEMOT, LIBRAIRE,

68, rue Saint-André-des-Arts.

1847.

AVIS.

Les livres vendus devront être collationnés sur place dans les vingt-quatre heures de l'adjudication. Passé ce délai, ou une fois sortis de la salle de vente, ils ne seront repris pour aucune cause.

Les articles au-dessous de 12 francs ne seront admis à rapport que dans le cas où ils seraient incomplets par enlèvement de feuillets ou de portion de feuillets emportant du texte; ils ne seront pas repris pour taches, mouillures, déchirures, piqûres ou autres défectuosités.

Le libraire chargé de la vente remplira les commissions qui lui seront adressées, en fixant le prix que l'on veut mettre à chaque article commissionné.

ORDRE DES VACATIONS.

Première vacation, jeudi 8 juillet.

Du n° 1 à 74.

Deuxième vacation, vendredi 9 juillet.

Du n° 75 à 146.

Troisième vacation, samedi 10 juillet.

Du n° 147 à 210 et 229 à 241.

Quatrième vacation, lundi 12 juillet.

Du n° 211 à 228 et 242 à 293.

On vendra environ 50 lots de bons livres de littérature, d'histoire, etc., au commencement de chaque vacation.

CATALOGUE

DE

BONS LIVRES

SUR

LA PEINTURE, SCULPTURE ET GRAVURE, BELLES-LETTRES, L'HISTOIRE, ETC.

THÉOLOGIE, ORDRES, SECTES, PHILOSOPHIE.

1. *Office* divin abrégé pour tous les temps de l'année. *Parme,* imprimerie royale, 1772, in-8, 2 vol., v. m., fil. (en franç.).

2. *Lovanges* de la Sainte Vierge, composées en rimes lat., par S. Bonaventure, et mises en vers français par P. Corneille. *Paris,* G. Quinet, 1665, in-12, v. (fig.) *Heures,* contenant l'office de la Vierge, les sept Psaumes pénitentiaux, etc., par P. Corneille, *Paris,* Blageart, 1685, in-12, v. fil., tr. (Lat. fr.) (fig.).

3. *Practis* recte orandi, et norma pie vivendi, 1781, in-12, v. gr. fil. tr. d., 103 p.
   Une note MSS indique que ce livre de prières a été composé par M. le chan. de l'église de Vernon, vicaire gén. d'Evreux, pour l'usage de S. A. R. M. le duc de Penthièvre, et qu'il n'en a été tiré que 27 exempl. Celui-ci a appartenu à l'abbé Pascal, bibliothécaire de S. A. R.

4. *Concordantiæ* Bibliorum sacror. vulgatæ édit., Hugone Card. Authore, rec. atq. emendatæ, opera et stud. Fr. Lucæ. *Parisiis,* 1635, petit in-4, demi-rel. (quelques taches).

5. *Conjectures* sur les mém. originaux dont il paroît que Moyse s'est servi pour composer le livre de la Genèse (par Astruc). *Brux.* (Paris), 1753, in-12, v. m.
   Avec la signature et quelques notes MSS d'Anquetil Duperron.

6. *Traité* de la morale des Pères de l'Église, par J. Barbeyrac *Amst.,* 1728, in-4, v. m. *Défense* des SS. Pères accusez de platonisme (par le R. P. Baltus). *Paris,* 1711, in-4, v.

7. *Figures* de la Passion de N. S. Jésus-Christ (par Pacot). *Paris,* S. D., in-8, v., (35 fig. avec texte gravé, belles épreuves). Cérémonies des grandes et petites messes, par l'abbé Banier. *Paris,* 1806., in-12, br. (35 fig.).

8. *Mémoire* sur le véritable auteur de l'Imitation de J.-C., par de Grégory, publ. par le comte de Lanjuinais. *Paris,* 1827, in-12 br. *Du Livre* de l'Imitation de Jésus-Christ et du siècle dans lequel vivait son auteur, par M. Nolhac. *Paris,* 1841, grand in-8, br. (1 fig.), et 7 brochures in-8 et in-12, sur le même sujet et sur J. Gerson.

9. *Les Raisons* de l'office et cérémonies qui se font en l'église catholique, apostolique et romaine, par Cl. de Villette. *Roven.*, 1648, in-8, fort vol., vél. *Abrégé* dv Trésor des cérémonies ecclésiastiques, du R. P. Gavantus, trad. par le R. P. Cl. Arnaud. *Paris*, 1643, petit in-12, bas.

10. *Précis* du Méthodisme. — Explication du mot de Messe. — Préparation de la Messe. — Notice sur Bourdaloue. — Dissertations. — Discours, etc., par l'abbé Labouderie, en tout 27 broch. in-8.
Collection rare à trouver réunie.

11. *Histoire* des progrès et de l'extinct. de la réforme en Italie, au XVIᵉ siècle, trad. de Th. Maccrie. *Paris*, 1831, in-8, br.

12. *Instruction* povr vne reyne chrétienne, conten. ses devoirs envers Dieu et soy-même, envers le roy, son mary, l'Eglise et le prochain en général, avec les avis de Charles, roy de Suède, à son fils Gustave. *Cologne*, 1666, petit in-12, v. f., fil. — Rare.

13. *Essai* sur les richesses et la puissance temporelle des prêtres, par H. Verrut. *Paris*, 1813, in-8, cart., et 20 vol. et broch. sur le clergé, le célibat ecclésiastique, etc.

14. *Regvlæ Societatis Jesv. Antverpiæ*, 1635, in-8, vél.

15. *Le Catéchisme* des Jésuites (par Est. Pasquier). *Ville-Franche*, 1677, pet. in-12, v. *Le Mercvre* jésvite ou Rec. de pièces concernant les Jésuites (par Godefroy). *Genéve*, 1631, in-8, 2 tom., 1 vol., v. f., fil.

16. *Mémoires* hist. sur l'Orbilianisme et les correcteurs des Jésuites. S. L., 1768, in-12, br. (avec la fig.).
Vol. très curieux et rare.

17. *Jésuites* (Recueil de pièces pour et contre les), in-8, in-12, 38 vol. et broch.

18. *Jésuites* (pour et contre les), par Montlosier, — de La Roche-Arnaud et autres 40 vol. et broch. in-8, in-12 et in-18.

19. *Relation* dv pays de Jansenie, etc., par L. Fontaine, S. de S. Marcel. *Paris*, 1660, pet. in-8, v. m. (avec la carte).
Bel exemplaire.

20. *Théophilanthropes* (Religion des), de Ferrero, Duchemin, etc, in-8, in-18, 5 vol. et broch.

21. *Examen* du Mosaïsme et du Christianisme, par Reghellini, da Schio. *Paris*, 1834, in-8, 3 forts vol. br.

22. *Judaïsme* (sur le), les Juifs, par Bail, Levêque, etc., in-8, in-12, 20 broch.

23. *Mémoire* sur les trois plus fameuses sectes du Musulmanisme, les Wahabis, les Nosaïris et les Ismaëlis, par M. R. (Rousseau). *Mars.* 1818, (avec envoi de l'auteur). *Hist.* des Wahabis, par L. A. *Paris*, 1810. — *Descript.* du Pachalik de Bagdad,

suivie d'une notice hist. sur les Wahabis, par M***. *Paris*, 1809, in-8, 3 tom., 1 vol. dem.-rel.

24. *Histoire* du Mahométisme, trad. de Mills, par G. Buisson, *Guernesey*, 1826, in-8, br. — *Des effets* de la religion de Mohamed, pendant les trois premiers siècles de sa fondation, etc., par Oelsner. *Paris*, 1810, in-8, br.

25. *La Threicie*, ou la seule voie des sciences divines et humaines, du culte vrai et de la morale. *Paris*, an VII, in-8, br.

26. *Sylvain Maréchal* de la vertu. *Paris*, 1807, in-8, br. — Pour et contre la Bible. *Jérusalem*, 1801, in-8, br. — *Apologues* modernes. *Brux.*, 1788, in-8, br. — *Étrennes* du sage, Quatrains, à *Atheopolis*, an 1er, in-8, br. — *Projet* d'une loi portant défense d'apprendre à lire aux femmes. *Paris*, 1801, in-8, br.

SCIENCES ET ARTS.

Peinture, Sculpture, Gravure, Architecture, Antiquités, divers.

27. *Abecedario* pittorico del M. R. P. Pelleg. Ant. Orlandi, conten. le Notizie de' professori di Pittura, Scoltura, et architettura, di nuove notizie accresciuto da P. Guarienti. In *Venezia*, 1753, in-4. vél.

28. *The Gentleman's* and connoisseur's dictionary of painters, by Pilkington. *London*, 1770, in-4. fort vol. dem. rel.

28 bis. *Fueslin*, Kunster Lexicon (ou diction. des peintres, graveurs, etc.), *Zurich*, 1779, in-f. rel.

29. *Entretiens* sur les vies et sur les ouvrages des plus excellents peintres anc. et modernes, avec la vie des architectes, etc., par Felibien. *Trévoux*, 1725, in-12, 6 vol. bas. (avec fig)

30. *Extrait* des différents ouvrages publiés sur la vie des peintres, par M. P. D. L. F. (Papillon de la Ferté). *Paris*, 1776, in-8. 2 vol. br. (fig.).
Le tom. 2e est fortem. taché d'humidité.

31. *Observations* sur quelques grands peintres, avec un précis de leur vie, par Taillasson. *Paris*, 1807, in-8, br.

32. *Eloge*, vie, notice de Léon. de Vinci, Sébast. Bourdon, de P. Mignard, de Prud'hon, Girodet, Lemonnier, Redouté et autres, in-8. 11 broch.

33. *Le Cenacle* de Léon. de Vinci. Essai, hist. par l'abbé A. Guillon. *Milan*, 1811, in-8, br.
Avec envoi de l'auteur à M. le comte de Fontanes, et une note de 9 lignes égalem. de l'abbé Guillon.

33 bis. *Idem*, in-8, dem.-rel.

34. *Eloge* de Nicolas Poussin, par N. Guibal. *Paris*, 1783. in-8, *Idem* par N. Ruault. *Paris*, 1809, in-8. br.
35. *Essai* sur la vie et sur les tableaux du Poussin, par le C. Cambry. *Paris*, an VII, in-8, br. *Manuel* du Muséum franç. (contenant l'œuvre de Poussin). *Paris*, 1802, in-8, br. (19 planches au trait).
36. *Collection* de lettres de Nicolas Poussin. *Paris*, 1824, in-8, br.
37. *Dictionnaire* des Arts du Dessin, la Peinture, la Sculpture, etc., par Boutard. *Paris*, 1826, in-8, fort vol. dem.-rel.
38. G. Th. *Boerneri*, super privilegiis pictorum lib. singul. *Lipsiæ*, 1751, petit in-8, v. gr. fil. tr. d.
39. *OEuvres* de Mengs, premier peintre du roi d'Espagne, etc., 1782, petit in-8, dem.-rel. (portr.)
40. *Recueil* de lettres sur la peinture, la sculpture et l'architecture, écrites par les plus grands maîtres et les plus illustres amateurs qui aient paru dans ces trois arts, depuis le XV° siècle jusqu'au XVIII°, publié à Rome par Bottari, traduit par Jay. *Paris*, 1817, in-8, fort vol. cart.
41. *Ricerche* su le Bellezze della Pittura e sul merito de' piu celebri pittori antichi e moderni di Dan. Webb, trad. de comentate dal D. Fr. Pizzetti. *Parma*, 1801, in-8. 2 vol. br.
42. *L'école* d'Uranie ou l'art de la peinture, traduit d'Alphonse Dufresnoy et de l'abbé de Marsy, avec des rem. par M. D. Q. (de Querlon). *Paris*, 1754, in-12 bas. La *Peinture*, poème en trois ch. par Le Mierre, nouv. édit. augm. du rec. des sentim. des plus habiles peintres sur la pratique de la peinture et de la sculpture, par M. Testelin. (fig.) *Amst.* 1770, in-12 br.
43. *Discours* hist. sur la peinture moderne, par Emeric David. *Paris*, 1822. *Choix* de notices sur des tableaux du musée Napoléon, par le même. *Paris*, 1812, in-8, 2 part. 1 vol. dem.-rel.
44. *Sur la peinture*, par Algarotti, Laugier, Lenoir, Pommereuil, Lens, etc., in-4, 8, 12. 20 vol. et broch.
45. *Sur la peinture*, les beaux-arts, in-8, in-12, 45 vol. et br.
46. *Cours* sur l'hist. des Arts en France, par Al. Lenoir. *Paris*, 1810. *Les trois* siècles de la peinture en France, ou galerie des peintres franç. depuis François 1er jusqu'au règne de Napoléon, par Gault de Saint-Germain. *Paris*, 1808, in-8. 2 tom. 1 vol. dem.-rel. de v.
47. *Guide* des amateurs de peinture dans les collections génér. et particulières, les magasins et les ventes, par Gault de Saint-Germain. *Paris*, 1816. in-8, cart. n. rogn.
48. *Guide* des amateurs de tableaux, pour les écoles allemande,

flamande et hollandaise, par Gault de Saint-Germain. *Paris,* 1818, in-12, 2 vol. br.

49. *Descrizione delle immagini dipinte da Raffaelle d'Urbino nel Palazzo Vaticano, etc.*—Con alcune ragionam. in onore delle sue opere di G. P. Bellori, e la vita di Raffaelle descr. da G. Vasari. In *Roma,* 1751, in-12, dem.-rel. (fig.).

50. *Ueber* Mahlerei und Bildhauerarbeit in Rom. von Fr. W. Basilius von Ramdohr. *Leipsig,* 1798, in-8, 3 vol. dem.-rel., *rare.*

51. *Ramdohr,* sur la peinture et la sculpture à Rome, trad. de l'allem., in-fol., 3 vol. non rel.

Manuscrit d'une écriture très lisible, trad. du précédent ouvrage, inédit en français.

52. *Règles* physiognomiques, ou observations sur quelques traits caractéristiques, par J. G. Lavater, *La Haye,* 1803, gr. in-4, cart. (fig.).

53. *Peinture* sur verre, en émail, à l'huile, par Fratrel, Fabroni, Lenoir, Thibaud, Vigné, etc., in-8, in-12, 15 vol. et br.

54. *Histoire* de l'art du paysage, depuis la renaissance des Beaux-Arts jusqu'au dix-huitième siècle, par J.-B. Deperthes. *Paris,* 1822, in-8, fort vol. br. *Théorie* du paysage, par le même, *Paris,* 1818, in-8, br.

55. *De l'Allégorie,* ou traités sur cette matière; par Winckelmann, Addison, Sulzer, etc. *Paris,* an VII, in-8, 2 vol. br.

56. *Lettres* familières de M. Winckelmann. *Paris,* 1781, in-8, 2 part., 1 vol., v. m. (portr.).

57. *Statuaires.* — (Vie, éloge, notice) de Callot, Bridan, Pujet, Julien Pickler et autres, in-8, 14 br.

58. *Biografia* di Ant. Canova scritta dal Cav. Leop. Cicognara. *Venezia,* 1823, in-8, br.

59. *Quelques* remarques sur un ouvrage de M. le comte de Cicognara, intitulé : *Storia* della scultura, etc., ou *Essai* historique sur la sculpture française, par Em. David, 1810, in-8, br. *Mém.* quelles ont été les causes de la perfection de la sculpture antique, etc., par le citoyen Ponce. *Paris,* an IX, in-8, broché.

60. *Discours* historique sur la gravure en taille-douce et sur la gravure en bois (par Émeric David). *Paris,* 1808, in-8, br. *Abrégé* historique de l'origine et des progrez de la gravure et des estampes en bois et en taille-douce, par le Major H. (de Humbert). *Berlin,* 1752, in-12, non rel.

61. *Essai* sur les Gravures, trad. de l'anglais, de W. Gilpin, par le baron de B*** (Blumenstein). *Breslau,* 1800, in-8, demi-reliure.

62. *Manuel* des curieux et des amateurs de l'art, contenant une

notice abrégée des principaux graveurs, et un catalogue raisonné de leurs meilleurs ouvrages, etc., par Huber et Rost. *Paris et Zurich*, 1797-1808, in-8, 9 tom., 5 vol., demi-rel. (rare).

63. *Essai* d'un catalogue de l'œuvre d'Étienne de la Belle, peintre et graveur Florentin, avec la vie de cet artiste, etc., par Ch. A. Jombert. *Paris*, 1772, in-8, br.

64. *Cabinet* de M. Paignon Dijonval. — État détaillé et raisonné des dessins et estampes dont il est composé, rédigé par M. Bénard, par les soins et aux frais de M. Morel de Vindé. *Paris*, 1810, in-4, fort vol. br.
Ouvrage peu commun.

65. *Recueil* historique de la vie et des ouvrages des plus célèbres architectes (par Felibien). *Paris*, 1690, in-4, *bas. Des principes* de l'Architecture, de la Sculpture, de la Peinture, etc. (par Felibien). *Paris*, 1690, in-4, bas.

66. *Vies* des fameux architectes (et des sculpteurs), depuis la renaissance des Arts, avec la description de leurs ouvrages, par D*** (Dezalliers d'Argenville). *Paris*, 1787, in-8, 2 vol. dem. rel.

67. *Vies* des architectes anciens et modernes, par Pingeron. *Paris*, 1771, in-12, 2 vol. bas.

68. *Remarques* sur l'architecture des Anciens, par Winckelmann. *Paris*, 1783, in-8, rel., et 8 autres vol. in-8 et in-12 sur l'*Architecture*, par Laugier, Gasteller, Sobry, etc.

69. *L'Architecture* (sur), les temples, etc., in-8, in-12, 30 br.

---

70. *Millin* (A.-L.) — *Introduction* à l'étude des monuments antiques, des médailles, des pierres gravées, des vases peints. *Paris*, 1796-1811, in-8, 4 broch. et 12 autres broch. in-8, de Millin sur divers sujets.

71. *Introduction* à l'étude de l'archéologie des pierres gravées et des médailles, par A.-L. Millin, nouvelle édition, revue par B. de Roquefort, précédée d'une Notice sur la vie et les ouvrages de l'auteur, par Dacier, et discours préliminaire par Champollion-Figeac. *Paris*, 1826, in-8, br.

72. *Recherches* curieuses d'antiquité, conten. en plus. dissertations sur les médailles, bas-reliefs, etc., par Spon. *Lyon*, 1683, in-4, v. (fig.).

73. *Dissertations* sur les attributs de Vénus, par l'abbé de la Chau. *Paris*, 1776, in-4, br. (fig.) On a ajouté la Vénus Anadyomène.

74. *De Deá* Libertate ejusque culta apud Romanos et de Libertinorum pileo Dissertatio Rod. Venuti. *Romæ*, 1762, in-4, v. Ec. fil. (4 pl.).

75. *Sabine*, ou Matinée d'une Dame Romaine à sa toilette, à la fin

du premier siècle de l'ère chrétienne, trad. de C.-A. Bœttiger. *Paris*, 1813, in-8, fort vol. br. (13 pl.).

76. *Voyage* dans les catacombes de Rome (par Artaud). *Paris*, 1810, in-8, cart. — *Tableau* des Catacombes de Rome, par Raoul-Rochette. *Paris*, 1837, in-12, br.

77. *Inscriptiones* Romanæ infimi ævi Romæ exstantes opera et cura D. P. A. Galletti Romani collectæ. *Romæ*, 1760, in-4, 3 vol., demi-rel.

78. *Balth. Bonifacii* historia Ludicra. *Brux.*, 1656, in-4, vél. (titre gr.).

79. *Sur les Jeux.* — Jeu de Dames, d'Échecs, le 31, le Boston, le Billard et autres. In-8, in-12, environ 50 vol. et broch.

80. *Éclaircissements* hist. et crit. sur l'invention des cartes à jouer, par l'abbé Rive. *Paris*, 1780, in-12, br.

81. *Histoire* de la Musique, par Bonnet. *Paris*, 1715, in-12 bas. *Dialogue* sur la musique des anciens, (par l'abbé de Chateauneuf). *Paris*, 1725, in-12, *fig.*

82. *Sur la Musique*, le théâtre, acteurs, actrices. Environ 100 vol. et brochures.

83. *Le Maître* à danser, par Rameau. *Paris*, 1725, in-8 bas., beauc. de fig. (*avec la sign. du duc de Valentinois*), et 9 broch. sur le même sujet.

84. *Petri Bvngii* numerorvm mysteria. *Lutet. Parisior.*, 1618, in-4, fort vol. vél. (mouill.) *Ath. Kircherii*, arithmologia sive de abditis numeror. mysteriis. *Romæ*, 1665, in-4 bas. (fig.)

85. *Histoire* prodigieuse et lamentable de Jean Fauste, grand magicien, avec son testament et sa vie épouvantable. *Cologne*, 1712, pet. in-12 bas. (Aux armes), fig.

86. *Morceaux* extraits de l'histoire naturelle de Pline, par Guéroult. *Paris*, 1809, in-8, 2 vol. d.-r. (Lat.-fr.)

87. *Musée* botanique de M. Benj. Delessert. Notices sur les collections de plantes et la bibliothèque qui le composent, etc., par A. Lasègue. *Paris*, 1845, in-8 br.

BELLES-LETTRES.

Linguistique.

88. *Éléments* (les) primitifs des langues, par Bergier. *Paris*, 1764, in-12 bas. *Essai* sur la première formation des langues, trad. d'Ad. Smith par Manget. *Genève*, 1809, in-12 br.

89. *Esquisse* historique sur les langues, par un Belge. *Brux.*, 1807, in-8 br. *Essai* sur l'analogie des langues, par Am.

Hennequin. *Douai*, 1838, in-8 v. fil. *Essai* sur les langues, par Sablier. *Paris*, 1777, in-8 d.-r.

90. *Langues* (sur les — anciennes et modernes). In-8, in-12, 35 brochures.

91. *Anthologie* arabe, ou choix de poésies arabes inédites, etc., trad. par Grangeret de Lagrange. *Paris*, impr. roy., 1828, in-8, 2 p., 1 vol. cart. (Ar.-fr.)

92. *Anthologia* sententiar. arabicor. cum scholiis Zamachsjarii, edidit, vertit, et illustravit H. Alb. Schultens. *Lugd. Batavor.*, 1772, in-4 br. (Ar. et lat.) *La Colombe* messagère, par M. Sabbach, trad. par Silvestre de Sacy. *Paris*, 1805, gr. in-8 br. (Ar. et fr.)

93. *Garcin de Tassy* (M.). *Conseils* aux mauvais poètes. *Abrégé* du roman indoustani, la Rose de Bakawali. *Mém.* sur des particularités de la religion musulmane dans l'Inde, etc. In-8. 4 brochures, tirées à petit nombre.

94. *Langue* (sur la) arabe, chinoise, arménienne, indoustani, gr. mod., etc. 45 broch. in-4, in-8, in-12.

95. *Anthologia* persica. *Viennæ*, 1778, in-4, br., titre gr. (Pers. et lat.)

96. *Grammaire* tartare-mantchou, par Amyot. *Paris*, 1787, in-4 br. 39 pag.

97. *Études* morales et historiques sur la littérature romaine, par Charpentier. *Paris*, 1829, in-8 br. — *Essai* historique sur l'école d'Alexandrie, etc., par J. Matter. *Paris*, 1820, in-8. 2 vol. br.

98. *Observations* fondamentales sur les langues anciennes et modernes, par M. Le Brigant. *Paris*, 1787, in-4 br. — *Notions* générales ou encyclopédiques, par le même. *Avranches*, 1791, in-12, br.

99. *Histoire* de la langue des Gaulois et par suite, de celle des Bretons, par Miorcec de Kerdanet. *Rennes*, 1821, in-8 br.
Tiré à petit nombre.

100. *Mémoire* : Quelle est l'origine de la langue picarde ? par Gr. d'Essigny. *Paris*, 1811, in-8 br.

101. *Recueil* de poésie en langage vulgaire de Grenoble. *Grenoble*, A. Faure, S. D., in-8 br. r. — *Daphnis* et Alcimadure, pastorale languedoc. *Paris*, 1764, in-8 br. r.

102. *Fables* de La Fontaine mises en vers gascons, par Bergeret. *Paris*, 1816, in-12 br., et 8 broch. in-8 sur les langues provençale et basque, en patois bourguignon, etc.

103. *Projet* d'un glossaire françois, par de la Curne de Sainte Palaye. *Paris*, 1756, in-4 br. — *Mémoire* sur la nécessité d'un glossaire général de l'ancienne langue française, par Roquefort. *Paris*, 1811, in-8 br. — *La deffence* et illustration de la

langue françoyse, par J. du Belloy, précédé d'un discours sur
le bon usage de la langue française, par P. Ackermann. *Paris,*
1839, in-8 br.

104. *Du génie de la langue françoise,* par Auguis. *Paris,* 1820,
in-8 br. *Essai* sur les variat. du style français au XVII° siècle,
par A. Fremy. *Paris,* 1843, in-8 br., et 45 vol. et broch. in-4
et in-8, sur la langue et littérature française.

105. *Essai* sur l'universalité de la langue française, par C.-N.
Allou. *Paris,* 1828, in-8 br.

Poésie, Philologie, Proverbes, etc.

106. *P. Virgilii* Maronis opera. *Lugd. Batavor.,* ex officina El-
zeviriana, 1636. Pet. in-12 v. f. fil. tr. dor. (titre gr. et cart.)

107. *OEuvres* d'Horace, en latin et en français, avec des remarq.
critiq. et historiq., par M. Dacier. 5° édition revue et augmen-
tée de notes critiq., historiq., etc., et des différentes leçons de
MM. Bentlei et Cuningham, et du P. Sanadon. *Hamb.,* 1733,
in-4, 4 tom., 2 forts vol. v.

108. *Epigrammes* de M. Val. Martial, lat. et franç. *Paphos,* S.D.
In-8, 3 vol. bas.

109. *Flores* poetarum de virtutibus et vitiis. Impr. Colonii per
Martinum de Verdena. A. D. 1505, petit in-8, vélin (caractères
gothiques.)

110. *Liber* faceti docens mores hominum precipuæ juvenum in
supplementum illor. qui a Cathone erant omissi, per Sébast.
Brant in vulgare noviter translatus. Impr. Joh. Froschauer.
1500, in-4 cart.
Caractères gothiques fig. sur bois sur le titre (en allem. et en lat.).

111. *Littérature* (tableau hist. de la) française depuis le
XIII° siècle jusqu'au XIX°, par MM. Rosny, Girardin et
Chasles, Leuliette, Eus. Salvesto, Vict. Fabre, Chénier, etc.
14 vol. in-8, br.

112. *Des* XXIII manières des Vilains, pièce du XIII° siècle.
Paris, 1834. *Li Fablel* dou Dieu d'Amours. *La Bataille* et le
Mariage des VII arts, par A. Jubinal, et 5 autres pièces du
même auteur, in-8, br.

113. *Dissertation* sur le roman de Roncevaux, par H. Monin.
Paris, 1832, in-8.

114. *OEuvres* de Math. Reguler, avec les commentaires, rev., cor.
et augm. par Viollet le Duc. *Paris,* Desoer, 1823, in-8, br.

115. *Fables* en vers du XIII° siècle, publiées pour la première
fois, d'après un MSS. de la bibliothèque de Chartres, par
M. Chartres, 1834, in-8, br. Simon de Blonay, ou
le combat des mariés et des non mariés. *Paris,* 1836, in-8, br.

(caractères gothiques). *Poésies* inédites de Ch. d'Orléans. *Paris*, 1842, in-8, br.

116. *La Fontaine*. Fables. *Paris*, Dupont, 1826, in-8, 2 tom. 1 vol. d.-r.

117. *La Fontaine* et tous les Fabulistes, ou La Fontaine comparé avec ses modèles et ses imitateurs, nouv. édit. avec des observations critiq, gramm., etc., par N. S. Guillon. *Paris*, 1803, in-8, 2 vol. d.-r.

118. *Nouv. œuvres* diverses de J. La Fontaine, et poésies de F. de Maucroix, par C. A. Walckenaer. *Paris*, 1820, in-8, cart.

119. *La Fontaine*, notices. — Eloges. — Extraits de ou sur.— réun. en 3 cart. et 1 vol. rel.

120. *Etudes* sur La Fontaine, ou notes et excursions littéraires sur ses fables (par M. Solvet), précédées de son éloge inédit, par feu M. Gaillard. *Paris*, 1812, in-8, fort vol. br.
Une vue de la maison de La Fontaine, à Château-Thierry.

121. *Phœdri* A. Lib. Fabularum OEsopiarum libri 5. *Parisiis*, J. Didot, 1823, in-f. d.-r. (titre raccomm).
Tiré à 125 exemplaires.

122. *Nouv. Elite* de poésies héroïques et gaillardes de ce temps. *Utrecht*, 1737, in-12, d.-r. *Chansons* joyeuses (rec. par Monet). *Paris*, 1765, in-8, d.-r.

123. *Les quatre* Métamorphoses, poëmes (par Mercier), an VII, in-8, br. *rare*.

124. *La Mandrinade*, poëme héroïq. comiq. en 6 ch. par D***, à *Valenciennes*, 1758, in-12, cart. *Précis* de la vie et jugem. de Mandrin, in-4, 2 br. *Le vice* puni, ou Cartouche, poëme, avec un diction. d'argot. *Paris*, 1726, in-8, bas. (fig). Les *Amours* de Cartouche. *Londres*, S. D. in-18, br.

125. *Almanach* des Muses de 1765 à, et y compris 1804, in-18, 40 vol. dem.-rel,. fig. — 1806 à 1810, 1812 à 1815-1820 à 1827. 17 vol. d.-r. et br. en tout 57 vol.

126. *Sganarelle*, ou le cocu imaginaire, comédie de J.-B. de Molier (sic), avec les arguments de chaque scène. *Paris*, Est. Loyson, 1665, in-12 br. *Venceslas*, tragi-comédie de M. de Rotrou. *Par*, A. de Sommaville, 1648, in-4. non rel. (cor. mss).

127 *Obras* Sueltas de D. Juan Yriarte, 1774, in-4. 2 vol. v. m. fil. (portr.)

128. *Amusements* philologiques, ou variétés en tous genres, par G. P. (Peignot). *Paris*, 1808, in-8, d.-r.

129. *L'Introduction* au traité de la conformité des merveilles anciennes avec les modernes, ou traité préparatif à l'apologie pour Herodote, par H. Estiene. S. L. 1566, petit in-8. v.

130. *L'art* de désopiler la rate, par Panckoucke, *à Venise*, 1788, in-12 2 vol. v. m. *Mémoires*. hist. et galans de l'aca-

démie de ces dames et de ces messieurs, par A. M. Vadé. *Paris*, 1776, in-12, 2 vol. bas. m.

131. *Histoire* générale des proverbes, adages, etc., par C. de Méry. *Paris*, 1829, in-8. 3 vol. br.

132. *Le Livre* des proverbes français, par Leroux de Lincy, précédé d'un essai sur la philosophie de Sancho Pança, par Ferd. Denis. *Paris*, 1842, in-12, 2 vol. br.

133. *Remarques* hist., philolog., sur quelques locutions, proverbes et dictons populaires du moyen âge, par Crapelet. *Paris*, 1831, in-8, br. *Almanach* perpétuel, pronosticatif, proverbial et Gaulois, etc. *Paris*, 1774, in-18. v. m. fil. (*peu commun*).

134. *Proverbes*, in-12, in-18, 6 vol. rel. et br.

135. *Sentences* et proverbes italiens (et fr.), par J. Dubois de Gomicourt, *Lyon*, 1702, petit in-3 bas. — *Proverbii*, Motti e sentenze ad uso ed Istruzione del popolo. *Piacenza*, 1805, in-8, br. — *Rec.* de proverbes franç., lat., espagn., ital., etc., par Ch. *Paris*, in-8, br.

136. *Proverbio* utili, e virtuosi in Lingua Arabica, Persiana e Turca, etc., con la loro ispiegatione in lingua latina, et italiana. Raccolti da Tim. Agnellini in Padova, 1687, pet. in-8, bas. *Apophtaegmata* Ebraeorum ac Arabvm, ex Avoth R. Nathan, Aristea. — Latineq. reddita per Drusium aldenardensem. Franckerae, 1612, pet. in-4, v. gr. fil. tr. d.

137. *P. Arn.* Zeglicki, Adagia, etc., *Varsaviæ*, 1751, in-12, demi-rel. (en polonais).

138. *Les Troys* derniers livres des Apophthegmes, c'est-à-dire, brièves et subtiles rencontres rec. par Érasme. (Trad. par E. des Pl.). *Paris*, 1553, in-8, v. leg. mouill.

139. *Menagiana*, ou les bons mots et rem. crit., etc., de M. Menage (publ. par de la Monnoye). *Paris*, 1729, in-12, 4 vol. bas. (Exempl. avec les cartons).

140. *Menagiana* (publ. par Galland et Goulley). *Páris*, 1693, in-12, rel. — Valesiana, Chevræana, Scaligerana et autres, en tout, 24 vol. in-12, rel. et br.

141. *Cicéroniana*, ou Rec. de bons mots et apophthegmes de Cicéron, etc., (par MM. Péricaud aîné et C. Breghet). *Lyon*, 1812, in-8. demi-rel. (avec envoi des auteurs).
Tiré à 100 exemplaires.

142. *Réflexions* ov sentences et maximes morales (par le duc de la Rochefoucault). (Précédé d'un discours sur les réflexions, etc., par Segrais). *Paris*, Cl. Barbin, 1665, in-12, rel. (Une très légère piq.).
Première et rare édition.

143. *Les Caractères* de Théophraste, avec les caractères ou les

mœurs de ce siècle (par La Bruyère). *Paris*, 1688, in-12, v.
Première et rare édition des caractères de La Bruyère.

144. *De la Sagesse*, 3 livr., par P. Charron. *Paris*, Lefèvre,
1836, in-8, fort vol.

145. *Qvattro*. Libro de Dvbbi con le solutioni a ciascvn Dvbbio
accommodate. *In Vinegia*, 1556, pet. in-8, vél.

146. *Le Rêve* singulier, ou la nation comme il n'y en a point, par
M. de B. (Le Marquis de Barbançois). *Paris*, 1808, in-8, fort
vol. br.
Tome 1er seul publié, tiré à 25 exemplaires.

Romans, Contes, Facéties — sur les femmes, Dissertations singulières.

147. *La Bibliothèque Bleue*, conten. l'hist. de Pierre de Provence,
de Robert le Diable, de Richard sans Peur, les 4 fils Aymon,
de Fortunatus, etc. *Liége*, 1787, in-12, 3 vol. bas.

148. *Delle Novelle* di Franco Sachetti cittadino fiorentino. In
Firenze, 1724, in-8, 2 vol. v. m.

149. *Admiranda* rerum admirabilium encomia sive diserta et
amœna Pallas disserens seria sub ludicrâ specie. *Noviomayi
Batavor.*, 1676, pet. in-12, fort vol. v. (titre gr. et fig.).

150. *Equitis* franci et adolescentulœ mulieris Italœ practica artis
amandi, insigni et jucundissima historia ostensa. Auctore Hi-
lario Drudone. *Urscllis*, 1606, pet. in-12, bas. (lég. tach.).

151. *Jo. Physiophili* opuscula, continent Monachologiam; accu-
sation. physiophili defension. physiophili; anatomiam mona-
chi, collegit, P. Al. Martius. *Aug. Vindelicar*, 1784, in-8, br.
(6 pl.) (taché). *Monacologie* illustrée de fig. sur bois. *Paris*,
1844, in-12, br. lat.-fr. (trad. du précédent).

152. *Morias enkomioni* stultitiœ Laudatio Desiderii Erasmi De-
clamatio. *Parisiis*, Barbou, 1765, pet. in-8, v. m. fil. tr. d. (fig.).

153. *L'Éloge* de la Folie, par Érasme, trad. par Gueudeville.
Amst., 1728, pet. in-8, bas. (beauc. de fig. d'après Holbein).

154. *Il Pottanismo* moderno con il novissimo parlatorio delle
monache, etc. S. L. et S. D. pet. in-12, bas.

155. *Mémoires* hist. et secrets concern. les amours des rois de
France (par Sauval), etc. *Paris*, 1739, pet. in-12, v. m. (aux
armes). — *Les Intrigues* amoureuses des rois de France, etc.,
Paris, 1790, pet. in-12, br.

156. *Histoire* amoureuse des Dames de France, par M*** (Bussy-
Rabutin) *Brux.*, 1713, pet. in-12, v. m. (à la sphère).

157. *Les Délices* et les Galanteries de l'Isle-de-France. *Cologne*,
P. Marteau, 1709, 2 part. — *L'Égyptienne*, ou les amours de
D. Juan de Carcame et de Dona Const. d'Azevedo. *Bruxelles*,
1706, pet. in-12, 3 tom., 1 fort vol. mar. v. fil. tr. d.

158. *Histoire* des intrigues galantes de la Reine Christine de Suède et de sa Cour, pendant son séjour à Rome. *Amsterdam*, 1697, in-12, bas. (portr.).

159. *Mémoires* de M. P. de Bourdeille, seign. de Brantome, conten. les Vies des Dames galantes de son temps. *Leyde, J. Sambix*, 1699, pet. in-12, 2 tom. 1 vol., demi-rel.

160. *Charles II*, roi d'Angleterre, en certain lieu, comédie très morale, en 5 actes très courts, par un disciple de Pythagore (attr. à Mercier). *Venise*, 1789, in-8, non rel., pièce *très-rare*).

161. *Le Portefeuille* de Mme Gourdan, dite la Comtesse, pour servir à l'hist. des mœurs du siècle, et principalement de celles de Paris. *A Spa*, 1783, in-12, br. (mouill.).

162. *Necatonphile* de M. L. Bapt. Albert Florentin, en laquelle s'apprend l'art d'aymer (en ital. et en franç.). *Paris*, 1596, in-12, v. m. fil. (aux armes).

163. *Petit* Traité de l'amour des femmes pour les sots (par le marquis de Champcenets). *A Péterb.*, 1788, in-8, br. — *Petit* commentaire sur le titre de la petite brochure. — *Petit* Traité de l'amour des femmes pour les sots. *A Bagatelle*, 1788, in-8, br.

164. *Femmes* (ouvrages pour et contre les), in-8, in-12, in-18, 75 vol. et brochures.

165. *L'Amour* (sur), le Mariage, le Plaisir, in-8, in-12, 15 vol. et broch., rel. et br.

166. *Almanach* des Cocus pour l'année 1743. *Pékin*, chez J. Cornar, 1743, petit in-12 non rel. (avec la fig.). — *Almanach* nocturne à l'usage du grand monde, par la marquise D. N. N. C. *A Nuitz*, 1740, petit in-12, non rel.

167. *Procès-Verbal* et protestat. de l'assemblée de l'ordre le plus nombreux du royaume, in-8, br. — *Nouvelle Assemblée* des notables cocus du royaume, *Paris*, an 1er, in-8., br.

168. *Code* ou nouv. règlement sur les lieux de prostitution dans la ville de Paris, *Londr.*, 1775, in-12, non rel. — *De la Prostitution* et de ses conséquences dans les grandes villes, dans la ville de Lyon en particulier, par A. Potton. *Paris*, 1842, in-8, br. — *Des Dangers* de la prostitution; par A. Lucas. *Paris*, 1841, in-12, br.

169. *Almanach* du Trou-Madame, jeu très anc. et très connu, et la cause de presque toutes les révolutions. *Paris*, 1791, in-18, br. (mouill.).
Curieux et rare.

170. *Éloge* du pet, par C. F. Mercier de Comp. *Paris*, an VII, in-18, br. (avec la fig.). — *Guide* du Prussien, ou manuel de l'artilleur sournois. *Paris*, 1825, in-18, br. — *Les Vents*, essai poétique. *Paris*, 1826, in-18, br.

171. *L'Esclavage* rompu, ou la société de Francs-Peteurs. *A*

Pordepolis, 1756, in-12, br. — *Zéphyr-Artillerie* ou la société des Fr. Pet., 1743, in-8, br. r. — *Hist.* et avantures de Milord Pet. *La Haye*, 1755, in-12, br. — *Descript.* de six espèces de pets. *Toulouse*, S. D., in-8, br. r.

172. *Caquire*, parodie de Zaïre, en 5 actes et en vers, par M. de Vessaire. *A Chio*, S. D., in-8, br. — *Le Pot* de chambre cassé, tragédie pour rire, etc. *A Ridiculomanie* S. D., in-8, br. r. — *Épitre à...*, par M... de l'*Imprimerie des Pays-Bas*, in-8, br. — *Remède* contre la mélancolie, langage poétiq. français et latin., du *lieu commun* de la maison curiale de la Seine, etc. *Marseille*, 1790, in-8, br. curieuses, et rares br.

173. *La Chézonomie* ou l'art de ch...., poëme didactiq. en 4 ch., par Ch. R***, *Paris*, 1806, in-12, cart.

174. *Almanach* nouv. de l'an passé ou l'Almanach Puce. *Genève* S. D., in-18, 2 vol. bas. m. fil.

175. *Histoire* des modes françaises, ou révolut. du costume en France (recherches sur les chevelures artificielles des anc., histoire des perruques, etc.), (par Molé). *Paris*, 1777, in-12, 2 p. 1 vol. d. rel.

176. *Recherches* hist. sur l'usage des cheveux postiches et des perruques, trad. de Nicolaï. *Paris*, in-8, br. (titre gr. et 2 grandes pl.). — *Anti-Titus*, ou remarq. critiq. sur la coiffure des femmes au xixe siècle. *Paris*, 1813, in-18, br.

177. *Histoire* des révolutions de la barbe des Français, depuis l'origine de la monarchie (publ. par Motelet). *Paris*, 1826, in-18, br.

Petit vol. imprimé à très petit nombre, et en caractère imitat. des Elzeviers.

178. *Joh.* Fr. W. Pagenstecheri, de Barba prognosticum, historico-politico-juridicum. *Burgo-Steenvordiæ*, 1708, pet. in-12, dem.-rel. et 2 broch. in-8, sur la barbe.

179. *Dissertation* de J. B. Bullet sur le festin du Roi-Boit, avec des notes, par Amanton. *Paris*, 1810, in-8, br. 20 pag. — idem (sans notes). *Besançon*, 1762, in-8, br., 12 pag. (réimpres. mod.).

180. *Traité* des festins, par Muret. *Paris*, 1682, in-12, v. (aux armes).

Histoire de France, Révolution, etc.

181. *De l'État* des sciences en France, depuis la mort de Charlemagne, jusqu'à celle du roi Robert. Dissertat. par l'abbé Goujet. *Paris*, 1737, in-12, cart.

182. *Traité* des marques nationales, par Beneton de Morange de Peyrins. *Paris*, 1739, in-12, bas.

183. *Traité* de l'origine des noms et des surnoms, par G. A. de la Roque. *Paris*, 1781, in-12, v.

184. *Le ministre fidelle* représenté sovs Lovis VI en la personne de *Suger*, abbé de Saint-Denis, etc., trad. de F. Guillaume, par J. Baudoin. *Paris*, 1640, in-8, v. (aux armes) et 9 broch. in-8.—*Discours, Eloges*—sur l'abbé Suger, par l'abbé Jumel, D'Espagnac, Bernardi, etc.

185. *Histoire* de Lovys XI, roy de France, etc., aultrem. dicte la chroniq. scandalevse (par Jean de Troyes), S. L., 1620, in-8, v., (portr. de Lovys XI, grav. sur bois). — *Addition* à l'histoire de Lovys XI, par Gabr. Navdé. *Paris*, 1630, in-8, v. f., fil.

186. *Les Mémoires* de Philippe de Commines, sur les principaux faicts et gestes de Lovys XI et Charles VIII, deux épistres de J. Sleidan, avec la vie de l'autheur, corr. sur l'éd. de D. Sauvage. *Paris*, 1616, in-8, fort vol. v. m. (3 portr. sur bois).

187. *Tableav* sacré de la sainte vie et mort, vertvs et miracles de la T. S. et très pieuse reine madame Jeanne de France de Valois, duchesse de Berry, fille de Louis XI, sœur de Charles VIII et espouse de Louis XII, Roys de France, fondatrice de l'ordre de l'annuntiade, etc., tiré par le P. L. Dony d'Attigny. *Paris*, 1625. *Règle* des religievses de l'ordre de la vierge Marie, dite de l'Annuntiade. *Paris*, 1624, petit in-12, 2 tom. 1 fort vol. v. fil. (aux Armes), avec une grav. de J. Picart.

188. *C'est* l'ordre et forme qvi a esté tenue au sacre et couronnement de très haulte et très Ill. dame madame Catherine de Médicis, royne de France, faict en l'église de Monseigneur St. Denys en France, le x⁰ jour de juin 1549. *Paris*, J. Dallier, in-4, non rel. 10 ff. ou 20 pag.
Pièce d'une extrême rareté.

189. *Observations* svr la vie et la condamnation du mareschal de Marillac, et svr un libelle intitulé : *Relation* de ce qui s'est passé au jugem. de son procès, etc. *Paris*, 1633, in-4, non rel. (141 pag.)

190. *Recherches* histor. sur le Card. de Retz, suivies de ses portraits, pensées, etc., par Musset-Pathay. *Paris*, 1807, in-8, dem.-rel. *Maximes* et réflexions du card. de Retz, etc., par Dupuy. *Paris*, 1828, in-18, 2 tom. 1 vol. dem.-rel.

191. *Vie* du cardinal Dubois, (par Mongez). *Londres*, 1789, in-8, dem.-rel. (portr.).

192. *Lettres* inédites du chancelier d'Aguesseau, par D. B. Rives. *Paris*, Impr. roy., 1823, in-4, fort vol. br.

193. *Louis XVI* et Marie-Antoinette, le Temple, etc., 75 vol. et broch. in-4, 8. Pièces anciennes et modernes.

194. *Procès* de Louis XVI, suivi des procès de Marie-Antoinette. — de Madame Elisabeth et L. Philippe duc d'Orléans. *Paris*, 1798, in-8, 2 vol. dem.-rel. (portr. et fig.)

195. *Vie* politique de L.-Philippe-Joseph d'Orléans. *Paris,* 1802, in-12, br. (portr.). *Correspondance* de L.-Philippe-Joseph d'Orléans, avec Louis XVI, la Reine, etc. *Paris,* 1800, in-8, dem.-rel. (port.).

196. *Vie* privée ou apologie de Tr. S. prince Mons. le duc de Chartres. — A 100 lieues de la Bastille, 1784, in-8 br.

197. *Observations* sur les attentats attribués à M. le duc d'Orléans. *Paris,* 1790, in-8, br. et 20 vol. in-8, br. pour et contre le duc d'Orléans.

198. *Conjurations* de L.-Philippe-Joseph d'Orléans et de Max. Robespierre, ou l'école des Factieux et des Rois, par Richer-Serisy. *Toulouse,* 1806, in-12, 2 vol br.

199. *Mémoires* sur la vie et le caractère de madame la duchesse de Polignac, avec des anecdotes sur la personne de Marie-Antoinette, par madame la comtesse de Polignac. *Hamb.,* 1796, in-8, br.

200. *Causes* secrètes de la révolut. du 9 au 10 thermidor, par Vilate. — *Continuation* des causes secrètes. — *Les Mystères* de la Mère de Dieu dévoilés par le même. *Paris,* an III, in-8, 3 broch.

201. *Guillotine* (Réflexions hist. et physiolog. sur le supplice de la). *Paris,* an IX, in-8, br., 26 pag. — *Opinion* du C. Sue sur le supplice de la — in-8 — 16 pag. — *Notice* sur le supplice de la, — *Paris,* 183, in-8, br. 16 p. — La — par Mutel. *Paris,* 1834, in-8, br. 32 pag. — *Anecdotes* sur les décapités, par Sobry. *Paris,* an V, in-8, br. 29 pag.

202. *Liste* générale et très exacte de tous ceux qui ont été condamnés à mort par le tribunal révolutionnaire établi à Paris, etc. *Paris,* an III, 12 numéros y compris le 9 bis en 1 vol. in-8, dem.-rel. (mouill. et racc.)
Exemp. bien compl.

203. 2 paq. *Pièces* sur la révolution franç.

204. *Almanach* des honnêtes femmes pour l'année 1790, de l'impr. de la société joyeuse, in-8, br. r. 30 pag.
Petite brochure extrêmement curieuse.

205. *Vies particulières* — sur madame de Lamotte — de Genlis. — *Rapports* de Robespierre, St.-Just, etc. 60 vol. et br. in-8, et in-12.
Pièces curieuses.

206. *OEuvres* de J. M. Ph. Roland, cont. les mém. et notices hist. qu'elle a composés dans sa prison en 1793, sur sa vie privée, etc., précédé d'un discours préliminaire, par L. A. Champagneux, etc. *Paris,* an VIII, in-8. 3 vol. bas. réc. (port).

207. *Lettres* inédites de mademoiselle Philippon. *Madame Roland,* adressées aux demoiselles Cannet, de 1772 à 1780, publ. par A. Breuil. *Paris,* 1841, in-8, 2 vol. br.

208. *Consolations* de ma captivité ou correspondance de Roucher, (publ. par M. Guillois). *Paris*, an vi (1797), in-8. 2 vol. v. m. (portr.).

209. *Montgaillard* (le comte de). L'an 1795 ou conjectures sur les suites de la Révolution franç. *Hamb.*, 1795, in-8. — *Mémoires* secrets, etc., et 6 autres pièces du même auteur, in-8, broch.

210. Sur *Napoléon*, sa Famille, pour et contre son Gouvernement, Campagnes, etc. 155 vol. in-8, et in-12. br. et rel.

HISTOIRE DES PROVINCES DE FRANCE.

211. *Etat* de la Gaule au v⁰ siècle, à l'époque de la conquête des Francs ; extrait des mém. d'Uribald. *Paris*, 1805, in-12, 2 vol. br. — *Voyage* dans l'anc. France, sous Clovis et Charlemagne, par A. Miéville. *Paris*, 1810, in-12, 2 vol. br. (mouill.).

212. *Nouv. recherches* sur la France, ou rec. de mém. hist. sur quelques provinces, villes et bourgs du royaume (publ. par Hérissant). *Paris*, 1766, in-12, 2 vol. v. m.

213. *Description* hist. de la basilique métropolitaine de Paris, par Gilbert. *Paris*, 1821, in-8, fort vol. br. (fig.).

214. *Calendrier* hist. et chron. de l'église de Paris, par Le Fevre. *Paris*, 1747, in-12 bas. — *Almanach* de Paris, pour 1726, *Paris*, in-12, bas.

215. *Relation*. Nouvelle relation, journal de la procession, de la chasse de Sainte-Genevieve, 1675. — *Statuts* et réglem. de la compagnie de MM. les Pasteurs de la chasse de Sainte-Geneviève. *Paris*, 1731 (avec fig.) — *Arrest* de la Cour de parlem. qui ordonne que la chasse de Sainte-Geneviève sera deccendue, et portée en procession solemnelle, du 27 juin 1725. *Paris*, 1725, in-4, 7 pièces, non rel.

216. *Journal* des Avis et des Affaires de *Paris*, contenant ce qui s'y passe tous les jours de plus considérable pour le bien public, (par Colletet). *Paris*, 1676 (152 pag.). — *La Hollande vaincue, ou Louys XIV triomphant*, poëme héroïq. par le sieur Colletet fils. *Paris*, 1772 (14 pag). — *Nouv. triomphe* de S. M. dans la prise de Maestric sur les Hollandais, poëme par le même (8 pag.) in-4, 3 part. 1 vol. non rel.

217. *Description* du château d'Anet, (par Lemarquant). *Paris*, 1789, in-12, br. r. — *Idem*, par Alex. Lenoir, broch. in-8.

218. *Mémoire* sur les bas-reliefs qui décorent les dehors des murs et la partie extérieure du chœur de N.-D. de Paris, par Fauris de Saint-Vincent. *Paris*, 1815, in-8. (2 grand. pl.), et environ 70 vol. in-8, in-12, sur Paris et les environs.

219. *L'hôtel* de Cluny au moyen-âge, par Mme de Saint-Surin, suivi des contenances de table et autres poésies inédites des xve et xvie siècles. *Paris*, 1835, in-12, br.

220. *Essais* hist. et biogr. sur Dijon, par Cl. X. Girault. *Dijon*, 1814, in-12, fort vol. br. (fig.)—*Conférence* de Laône, entre l'empereur Fr. Barberousse et Louis le Jeune, par le même. *Paris*, 1811, in-8, br., et 6 broch. sur la Bourgogne.

221. *Description* hist. et topogr. de la grande route de Paris à Reims, avec le plan de cette dernière ville, par Dom. G. Coutans. *Paris*, 1775, in-4, cart. (24 cartes).

222. *Antiquités* hist. et monumentales à visiter de Montfort à Corseuil, par Dinan, etc., par Poignant. *Rennes*, 1810, in-8, br., et 6 broch. in-12 et in-8 sur Clisson, le château de Maintenon, sur les rochers de Mme de Sévigné, etc.

223. *L'assemblée* des notables de France, faicte par le Roy en sa ville de Rouen, avec les noms desdits eslus et notables. *Paris*, 1617, pet. in-8, non rel. (15 pages). — *Eloge* hist. du parlement de Normandie, depuis Louis XII, etc., (par d'Anneville). In-8, br. (Ex *dono authoris*), et 20 broch. in-4 et in-8 sur la tapisserie de Bayeux, sur Caen, Dieppe, etc.

224. *Samarobriva*, par M. de C. (Cayrol). *Am.*, 1832, in-8. — *Dissertat.* sur l'emplacem. du champ de bataille où César défit l'armée des Nervii, par le même. *Am.*, 1832. — *Notice* hist. sur Crecy, tirée des manuscrits de Dom. Grenier, par de Cayrol. *Abbeville*, 1837, in-8, br. — *Défense* des Picards, par Graincourt, in-8, br.

225. *De l'état* des lettres dans le Poitou, par de Ferrières. In-8, br. —*Les religieuses* de Poitiers, épis. hist., par Dulaure. *Paris*, 1825, in-8 br. — *Mémoire* sur la Mellusine de Poitou, par Mazet, broch. in-8. —*Melusine*, conte hist., par Berquin, *Paris*, 1824, in-12, br.

226. *Juste Jvgement* et mort dv maire de la Rochelle. *Paris*, 1621, pet. in-8 non rel., 15 pag.

227. *Les miracles* arrivez à la présence de la Royne-mère dv Roy, en la chappelle de N.-D. des Ardillers, le 5 octobre dernier, avec le procès-verbal de M. le séneschal de Saumur, etc. *Paris*, 1619, pet. in-8 non rel., 16 pag.

228. *Histoire* estrange de 7 faux tesmoins et calomniateurs en crime d'impiété, blasphèmes exécrables, hérésies, et crime de lèze-majesté, divine et humaine, qui ont esté exemplairement exécutez à mort en la place publique de la ville d'Aix. *Paris*, 1619, in-8, non rel., 16 pag.

Ordres, Templiers, Francs-Maçons, etc.

229. *Histoire* des religions ou ordres militaires de l'église et des ordres de chevalerie, par Hermant. *Rouen*, 1698, in-12, bas. (figures.)

230. *Memorie* storiche sull'antichità, ed eccelenza dell'ordine aureato, ossia dello sperone d'Oro, scritte dal cav. L. Angeli imolese. *Bologna*, 1818, in-8 br. (1 fig.)

231. *Essai* sur les accusations intentées aux templiers, avec une dissertation sur l'origine de la franc-maçonnerie, par Fr. Nicolai. *Amst.*, 1783, in-12, br., fig.; et 7 broch. in-8 sur *les Templiers* de Raynouard, Barginet, etc.

232. *Hierologies* sur la fr.-maç. et l'ordre du Temple, par Th. Juge. *Paris*, 1839-40, gr. in-8 br., 2ᵉ part.

233. *Précis* hist. de l'ordre de la franc-maçonnerie, par J.-C. B. (Bezuchet ou Bazot). *Paris*, 1829, in-8, 2 vol. br.

234. *Rituel* maçonnique, par Riebesthal. *Strasb.* S. D., in-8, br.; et 5 autres vol. br. sur la maç., par Joux, Levesque, l'abbé Lefranc, Mounier.

235. *Le voile* levé pour les curieux, ou le secret de la révolution révélé à l'aide de la fr.-maç., par (l'abbé Lefranc). 1791. — *Conjuration* contre la religion et les souverains, (par le même). *Paris*, 1792. — *Essai* sur la secte des illuminés, (par le marquis de Luchet). *Paris*, 1789, in-8, 3 tom., 1 vol. dem.-rel.

236. *Les vrais* jugements de la société des fr.-maç. — *Supplément*, etc. *Bruxelles*, 1752-54, in-12, 2 tom., 1 vol. parch. — *Le Secret* des fr.-maç., 1744. — *Le Sceau rompu*, etc., 1745. — *Le parfait* maçon, etc. S. D., pet. in-12, 3 p. 1 vol. bas.

237. *Free masonry.* Unparalleled sufferings of J. Coustos, who nine times undewent the most cruel tortures ever invented by Man, and sentenced to the Galley four years, by command of the inquisitors at Lisbon, inorder to extort from him the secrets of free masonry, etc. *Birmingham*, 1790, in-8, dem.-rel. (6 gr.)

238. *Franc-Maçonnerie*, sociétés secrètes. Environ 60 vol. et broch. in-8, in-12, in-18.

239. *Abrégé* des mémoires pour servir à l'histoire du jacobinisme, par l'abbé Barruel. *Londres*, 1798, in-8, v. m.

240. *Preuves* de conjuration contre toutes les religions et tous les gouvernements de l'Europe, ourdies dans les assemblées secrètes des illuminés, des francs-maçons, etc., par J. Robison. *Londres*, 1799, pet. in-8, 2 vol. br.

241. *Essai* sur les mystères d'Eleusis, (par Ouvaroff). *Saint-Pé-*

tersbourg, 1812, in-8, demi-rel. (titre gr.) 1 ° édition. — *Les mystères* d'Isis, par Boulage. *Paris*, 1820, in-8 br.

HISTOIRE. VOYAGES.

242. *C. Suetonii* Tranquilli opera quœ exstant Car. Patinus notis et numismatibus illustravit. *Basileœ*, 1706, in-4, v. f. (fig.)

243. *Ammien* Marcellin où les 18 livres de son histoire qui nous sont restés, trad. par M. Moulines. *Berlin*, 1775 , in-12. 3 vol. bas. rac. fil. (Port.)

244. *Procès* et meurtre de Charles Ier, roi d'Angleterre. Procès des 29 régicides, etc., trad. de l'anglais. *Paris*, 1826, in-8, br. — *Les Stuarts*. 1603-1688, par J.-D. Gimet. *Paris*, 1836, in-8, br.

245. *Tableau* hist. des évènements survenus pendant le sac de Rome, en 1527, par Jac. Bonaparte, gentilhomme de Samminiato, témoin oculaire, avec une note hist. sur la famille des Bonaparte, trad. de l'italien par M***. *Paris*, 1809, in-8 br.

246. *Indicazione* topografica di Roma antica dell'Archit. L. Canina: *Roma*, 1831, gr. in-8, cart. (26 pl. de monum.)

247. *Rome* et l'Italie méridionale, etc., par M. L. de Sivry. *Paris*, gr. in-8, br. — *L'Italie*, considérée dans ses différents états, par M. P. U., trad. de l'ital. *Dijon*, 1838, in-8 cart. 1re part. Etat-Romain, 4 pl. et portr. de Grégoire XVI.

248. *Voyage* de Moscou à Vienne, par le comte de Lagarde. *Londres*, 1825, in-8. br., portr. (2e édition).

249. *Mémoires* sur quelques parties de l'Egypte , par Aimé du Bois-Aymé. *Livourne*, 1814, in-8, 3 part., 1 vol., br.

Imprimerie, Librairie, Bibliographie, Catalogues,

Biographies, etc.

250. *Essai* d'Annales de la vie de Jean Gutenberg, par J. Oberlin. *Strasb.*, 1801, in-8, br. (portr.). — *Notice* sur les imprimeurs de la famille des Elzevirs, (par J. F. Adry). *Paris*, 1806, in-8, br.

251. *L'art* du typographe, par Vincard. *Paris*, 1806, in-8, bas. rac., (fig.). — *Manuel* pratiq. et abrég. de la typographie française, par Brun. *Paris*, 1825, in-12, br.

252. *Imprimerie* (poëmes, odes, épîtres sur l'), de H. Estienne, Thiboust, Gilet, Hérissant, Didot, etc., in-4 , in-8, 18 pièces (et portr. de Thiboust).

253. *Imprimerie* (sur l'), la bibliographie , la sténographie, la calligraphie, etc., environ, 80 vol. et brochures.

254. *Essai* hist. sur la liberté d'écrire chez les anc. au moyen-âge, sur la liberté de la Presse, depuis le 15e siècle, par G. Peignot. *Paris*, 1832, in-8. br.

255. *Sur la liberté* de la Presse. la Censure, etc., par Mirabeau, Benj. Constant, Beuchot, Bonald, etc., in-8, 12 broch.

256. *Lettre* sur le goût des livres, par Merard de Saint-Just. *Nancy*, 1785, in-12, br. — *Mém.* sur le goût des livres chez les Orientaux, par Quatremère, 1838, in-8, br.
Brochures tirées à petit nombre.

257. M. *Denis.* Einleitung in die Bucherkunde, (introduct. à la Bibliographie). *Wien*, 1777-78, in-4, 2 tom., 1 fort vol., demi-rel.

258. *Dictionnaire* critiq., littér. et bibliographique des principaux livres condamnés au feu, supprimés ou censurés, par G. Peignot. *Paris*, 1806, in-8, 2 tom., 1 fort vol., bas. m.
Avec une lettre autographe de l'auteur adressée à M. Solvet, sur la bibliographie.

259. *Répertoire* bibliographique universel, conten. la notice raisonnée des bibliogr. spéciales, etc., par G. Peignot. *Paris*, 1812, in-8, br. — *Variétés*, notices et raretés bibliographiques, par G. Peignot. *Paris*, 1812, in-8, br.
Avec une lettre autogr. de l'auteur.

260. Jo Chr. *Klotzii* de libris avctoribvs svis fatalibvs liber singularis. *Lipsiæ*, 1761, in-8, cart.

261. J. Al. *Fabricii* bibliotheca latina sive notitia autor. veter. latinor. quorumcunq. scripta ad nos perveuerunt. *Londini*, 1703, in-8, demi-rel. A. *Blackwallii* de præstantia classicorvm avctor. commentatio latine vertit atque animadversionibus instruxit, G. H. Ayrert. *Lipsiæ*, 1735, in-8, v. m.

262. Jo. *G. Grævii* Cohors musarum, sive hist. rei litterariæ, nec non historia bibliothecalis, etc., accuran. W. Van Bueren. traj. ad *Rhen.*, 1715, pet. in-8, demi-rel. — *Th. Bartholini* de libris legendis disserlat. præfatus est J. G. Meuschen. *Haga Comit.*, 1711, in-12, non rel.

263. *Analectabiblion* ou Extraits critiq. de divers livres rares, oubliés ou peu connus, tirés du cabinet du marquis D. R*** (Du Roure.). *Paris*, Techener, 1836-37, in-8, 2 vol. br.

264. *Mélanges* tirés d'une petite bibliothèque, etc., par Ch. Nodier. *Paris*, 1829, in-8, br. — *Questions* de littérature légale, du Plagiat, etc., par Ch. Nodier, 2e édit. *Paris*, 1828, in-8, br.

265. *An Introduction* to the Knowledge of rare and valuable editions of the greek and roman classics., by Dibdin. *Glocester*, 1802, pet. in-8, cart.

266. *Anagrapheana*, sive bibliographiæ peculiaris libror. Ana

dictorum, iisque affinium prodromus, à Jo. G. Phitakaer, (Hécart). *Valencenis*, 1821, in-12, non rel.
Tiré à 100 exemplaires.

267. *Notice* sur les traductions franç. du manuel d'Épictète, par G. A. J. H*** (Hécart). *Valenciennes*, 1826, in-12 br.
Tiré à 50 exemplaires.

268. *De la Bibliomanie*, (par Bollioud de Mermet). — *La Haye*, 1765. — *Essai* sur la lecture, (par le même). *Lyon*, 1765, in-8, 2 p. 1 vol. cart.
Notes MSS.

269. *Catalogue* général des livres composant les bibliothèques du départem. de la Marine et des Colonies. *Paris*, Impr. Roy. 1838-43, in-8, 5 forts vol. br.

270. *catalogues* des biblioth. de — MM. l'abbé Rive, Ch. Déon, Courtois, Chardin, etc., 12 vol. in-8, in-12, rel. et br.

271. *Bibliothèque* de M. le baron de Sacy, réd. par M. Merlin. *Paris*, Imp. Royal. 1842-46, in-8, 2 vol. br.

272. *Catalogues* des bibliothèques de MM. Ch. Nodier, Pixerecourt, Klaproth, P. Lacroix, Poncelet et autres, in-8, 32 vol. brochés.

273. *Bibliothèque* (catalogue de la) dramatique de M. de Soleinne, réd. par M. Jacob. *Paris*, 1843-45, in-8, br. 5 tom. 10 part.

274. *Nouv.* dictionnaire hist. par une société de gens de lettres. *Caen*, 1783, in-8°, 8 vol. v. m.

275. *Biographie* des hommes vivants, etc., rédigée par une société de gens de lettres. *Paris*, Michaud, 1816-19, in-8, 5 forts vol. br.

276. *Hier. Cardani* mediol., de propria vita liber. ex biblioth. Gab. Navdœi. *Parisiis*. 1614, in-8, v. f. fil. *rare*.

277. *Éloges* de Michel Montaigne, par l'abbé *Talbert*, D. de Vienne. — *De la Dixmerie*, N. Bourdic, Viot, *Leclerc*, Jay, *Victorin-Fabre*, Villemain, *Vincent*, Droz, *Dutens*, Mazure, etc. *Paris*, 1775-1818, in-8, in-12, 18 br. et br. r. 16 vol. et broch.

278. *Bl. Pascal* (éloge de), par Raymond, *Lyon*, 1816, in-8, br. *Études* sur, — par l'abbé Flottes, *Montpellier*, 1843, in-8, br. — *Pensées* de — *Paris*, 1714, in-12, v.

279. *Voltaire*. Vies, mémoires, éloges, pièces pour et contre, par Condorcet, Duvernet, Palissot, Collini, etc., in-8, in-12, environ 30 vol. et broch.. rel. et broch.

280. *J.-J. Rousseau*, pour et contre. 32 broch. in-8, 12.

281. *Éloges*, Discours, pièces anonymes, pour et contre. — *Andrieux*, Charbonnet, Boufflers, le *Marquis de Chastellux*,

Châteaubriand, *Cerutti*, Desorgues, *Gay*, *de Lassere*, Lavater, *Sélis*, Bourlet de Vauxelles, *Vigée*, etc.
Chaq. réunis en un carton. On vendra en totalité ou en partie.

282. *Précis* hist. de la vie de M. de Bonnard ; par Garat. *Paris*, imp. de Monsieur, 1785, in-18, br.
Tiré à un très petit nombre d'exempl.

MANUSCRITS.

283. *Guide* du naturaliste pratique, ou Traité de la chasse sous le rapport de l'observation, de la manière de collecter, de préparer, de conserver, et de soigner les divers objets de l'hist. naturelle, etc., (70 pages). — *La mise* au net dudit ouvrage, (74 pag.), in-fol., 2 part., 1 vol.
MSS autographe et inédit de M. Levaillant, le voyageur en Afrique.

284. *Vie de* Van Dyck, peintre, (conten. des recherches hist. sur sa vie, son origine, ses ouvrages, sur ce qu'en ont dit tous les auteurs), in-4, cart., 220 pages avec une lettre en hollandais de Robertus, Van Severen, adressée à Dumont (sur les tableaux de Van Dyck) datée du 28 septembre, 1775.
MSS du siècle dernier.

285. *Copie* et mise au net du précédent *Manuscrit*, in-fol., 146 pages, (avec le portrait de Van Dyck et celui de sa femme).

286. *Nouveaux* Caractères des principales personnes de la cour de France, etc, 1703, in-8, non rel., 173 pages.
MSS très curieux, d'une écriture du temps, et très bien écrit.

287. *Lettres* de madame de Maintenon à madame la comtesse de Cailus, de 1711 au 20 juin 1718, in-4, cart., 266 pag.
MSS d'une écriture très lisible.

288. *Recueil* de chansons, avec la musique, de 1691 à 1714, in-4, 4 vol. rel. dont deux aux armes de M. Fourqueux, procureur-général de la chambre des comptes.
MSS. Chansons satiriques contre les plus grands personnages de la cour et les plus grandes célébrités du temps. — On y a ajouté des notes biographiques.

289. *Réflexions* morales sur les métamorphoses d'Ovide, présentées à sa majesté T. Chr. Louis Quinze, par le R. Trepagne de Ménerville, curé de Suresne. 1720, in-4, mar., v., fil., tr., d., 107 pages (aux armes de France).
MSS très joli, d'une belle exécution calligraphique. M. de Menerville est auteur d'un discours sur la mort de Louis, fils de Louis Dauphin.

290. *Divers MSS.* d'histoire, de poésies, pièces de théâtre, in-4, in-8, in-12.
On vendra en totalité ou en partie.

LIVRES EN NOMBRES.

291. 32 *Exempl.* — *Recherches* hist. sur le luxe chez les Athéniens, trad. de Meiners, par C. S...t. (Solvet). *Paris*, 1823, in-8, br.

292. 130 *Exempl.* — *Etudes* sur La Fontaine, ou notes et excursions littéraires sur ses fables, précédées de son éloge inédit, par feu M. Gaillard — (par M. Solvet). *Paris*, 1812, in-8, fort vol.

Avec une vue de la Maison de La Fontaine, à Château-Thierry.

293. 15 *Exempl.* — *Dissertazione* di Fr. Cancellieri intorno agli vomini dotati di gran Memoria ed a qvelli divenvti smemorati, con un appendice delle biblioteche degli scrittori sopra gli eruditi precoci, etc., ed il givoco degli scacchi. *Roma*, 1815, in-12, br.

FIN.

Il sera perçu 5 centimes par franc, applicables aux frais.

Imprimerie de Gustave GRATIOT, 11, rue de la Monnaie.